AF371122

LETTRE
HISTORIQUE
ET CRITIQUE,

SUR L'INSTALLATION

Des Comédiens François à la nouvelle Salle;

SUIVIE

Du Projet d'une Ecole dramatique, fous les ordres de MM. les premiers Gentils-hommes de la Chambre,

Et de la Suppreffion des Théâtres forains, conforme aux vues du Gouvernement.

par le Chev. du Coudray.

A PARIS,

Chez BÉLIN, Libraire, rue Saint-Jacques;
A la nouvelle Salle, & fous le Quai de Gêvres.

Avec Approbation & Privilege du Roi.

AVERTISSEMENT.

Ce n'eſt point un éloge, encore moins une ſatyre : ce ſont des faits expoſés & narrés ſimplement. La vérité fait le plus grand mérite de cette Brochure, qui ne paroît que pour applaudir aux vues du Gouvernement. On prie le Lecteur de ſuppléer aux deux derniers articles, Il eſt temps de parler, & il eſt temps de ſe taire, vu qu'il y a trois ans qu'ils ſont imprimés, & qu'ils ſont ſuite à ma Correſpondance dramatique, deux vol. in-8°. broch. prix,   3 liv.

LETTRE
HISTORIQUE.

Monsieur,

Mardi dernier 10 Avril les Comédiens François
ordinaires du Roi ont fait l'ouverture de leur Théâtre
à la nouvelle Salle, près le Luxembourg. Il vous fou-
viendra, fans doute, que le feu Roi Louis XV leur
ayant permis d'aller jouer fur le Théâtre des Ma-
chines, en fon Château des Tuileries, ceux-ci en
prirent poffeffion le Lundi 23 Avril 1770, en atten-
dant qu'on leur eût bâti une falle nouvelle. La voilà
finie; je ne dois point paffer fous filence la maniere
dont on annonça dès-lors au Public ce changement
de local; l'Acteur s'exprimoit ainfi dans le compliment de clôture : « Le Théâtre françois touche enfin
» à l'époque la plus flatteufe qu'il pouvoit efpérer : le
» Gouvernement daigne fixer un moment fon atten-
» tion fur lui, & s'occuper des moyens de faire élever
» un monument digne des chef-d'œuvres des hommes
» de génie qui nous ont fait l'hommage de leurs veilles.
» La fcene lyrique (1), vient d'offrir à vos regards les
» reffources de l'architecture; il eft temps que le

____

(1) Devenue une feconde fois la proie des flammes le Vendredi 8
Juin 1781.

A 2

[4]

» Théâtre national jouiſſe des mêmes avantages ; il
» eſt temps que les mânes de *Corneille*, de *Voltaire*,
» & de *Moliere* viennent contempler le changement
» dont le Théâtre eſt ſuſceptible, & nous dire : *Voilà*
» *le temple où nous aimons à être honorés* ».

En 1773, par Arrêt des Lettres-Patentes du Roi,
données à Compiegne le 30 Juillet, regiſtrées en Par-
lement le 19 Août, pour la conſtruction des bâtimens
devant ſervir à la Comédie Françoiſe, ſur les terreins
de l'ancien hôtel de CONDÉ, la Ville devoit en faire la
dépenſe, & Sa Majeſté autoriſoit le Prévôt des Mar-
chands & Echevins d'emprunter *quinze cent mille*
livres à cet effet : l'emprunt même fut ouvert. En conſéquence les travaux commencerent ſous la direction
de M. *Moreau*, Architecte de la Ville. Les fondations
du Théâtre étoient déjà jettées, & preſque hors de
terre, lorſqu'en 1774 M. *Turgot*, nommé Contrôleur-
Général, fit ceſſer cette vaſte entrepriſe de ce monument public. Elle fut donc interrompue pendant quelques années ; mais en 1779 notre jeune Monarque,
Louis XVI, heureuſement régnant ſur les eſprits & ſur
les cœurs, connoiſſant tout le prix de l'amitié frater-
nelle, donna en pur don à MONSIEUR, frere de Sa
Majeſté, ſon Palais du Luxembourg, pour en jouir
ainſi qu'il eſt dit dans la Déclaration. S. A. R. voulut
bien accorder à une compagnie d'Entrepreneurs l'em-
placement général de l'ancien hôtel de CONDÉ,
moyennant des arrangemens particuliers paſſés au
Conſeil du Prince, entr'autres d'y faire conſtruire à
leurs frais & dépens une ſalle de ſpectacle pour les
Comédiens ordinaires du Roi, conforme au plan &
devis préſenté, &c. Je vous engage, Monſieur, à lire
ce détail intéreſſant dans les *Nouveaux Eſſais hiſto-*
riques ſur Paris, tom. 11, pag. 150, 151, & ſuiv. (1) :

____

(1) Pour ſervir de ſuite & de ſupplément à ceux de M. de Saint-Foix,
3 vol. *in-*12, prix 6 liv. *A Paris, chez Belin, Libraire, rue St.-Jacques.*

votre curiofité fera pleinement fatisfaite, & d'une maniere agréable. Je reviens au bâtiment nouveau, dont
le dehors eft impofant : malgré les Critiques, qui ne
font point attention que les acceffoires ne font pas
encore terminés, la colonade eft fuperbe, même au
dire des connoiffeurs, quoiqu'un peu écrafée; enfin,
l'ordre de l'architecture qui y regne eft fimple, mais
d'une noble fimplicité. Quant à l'intérieur, cette Salle
eft d'une forme nouvelle, c'eft-à-dire, elle eft prife en
largeur, au lieu d'être en longueur; des portes de
communication par-tout, des entrées & des forties
fans nombre : s'il exifte quelques légers défauts, c'eft
aux maîtres de l'art à prononcer.

Avant de parler d'autres chofes, je dois vous entretenir, Monfieur, de maintes obfervations néceffaires
relatives à l'objet, faites par un Plaifant, fous le nom
fictif d'un *homme condamné d'aller à pied*, qui eft
fenfé faire fes repréfentations pour l'intérêt public, à
MM. Wailly & Peyre, Architectes, dans une Lettre
écrite en 1780, & inférée dans les papiers publics du
temps. Telle en eft la fubftance à peu près; car je ne
vous en citerai que ces deux fragmens, crainte de
rendre ma Lettre trop longue par de fréquentes épi-
fodes, trop ordinaires aujourd'hui.

» Vous avez été à Rome, pour puifer dans les mo-
» numens des anciens ces grands talens que vous
» confacrez aux plaifirs des gens riches, & à l'orne-
» ment de la Capitale; mais que n'avez-vous été auffi
» à Londres, pour y apprendre à travailler pour la
» commodité & la fûreté des pauvres *piétons*, qui y
» font comptés pour quelque chofe.

» Je viens de jetter le coup-d'œil d'un ami de l'hu-
» manité fur le plan de vos nouvelles rues : j'y re-
» marque avec chagrin que la principale rue fera très-
» peu large, & que vous n'avez pas ménagé, à nous
» autres *piétons*, la reffource des *trottoirs*. ——— Par-là

» vous auriez été sûr d'acquérir des droits à la recon-
» noiffance du Public. Imaginez-vous combien notre
» plaifir feroit empoifonné pendant la repréfentation
» des chef-d'œuvres de ce Théâtre national, par la
» réflexion inquiétante qu'après le fpectacle, il faudra
» enfiler une *longue* rue *étroite*, au rifque d'être écrafé
» vingt fois; au lieu que des *trottoirs* nous meneroient
» commodément fans danger au bout de cette *longue*
» rue *étroite*.... Les boutiques qui auroient iffue fur les
» *trottoirs* n'en auroient que plus de valeur, &c. ».

Dans un des numéros fuivant (Journal de Paris)
on lit cette réponfe, fenfée faite par un *Confrere piéton*,
en ces termes : « On ne peut qu'applaudir, Monfieur,
» aux vues d'humanité & de patriotifme qui vous font
» defirer l'ufage des *trottoirs* dans la principale rue qui
» conduira au nouveau Théâtre françois, tant pour la
» fûreté des *piétons*, que pour la valeur des boutiques.
» Amateur comme vous du bien public, & parfaite-
» ment inftruit des projets acceffoires à ce monument,
» je conçois la fatisfaction que vous aurez d'apprendre
» qu'il ne vous refte rien à fouhaiter là-deffus. La prin-
» cipale rue aura quarante pieds de large, avec des
» *trottoirs* pour les *piétons :* outre cette grande rue,
» celle de *Vaugirard*, derriere le Théâtre, qui fera
» très-large, & les deux rues latérales aux galeries des
» côtés, il exiftera encore quatre autres rues formant
» la patte d'oie, pour fervir aux débouchés de la place;
» deux defquelles aboutiront à la rue des *Foffés-M.-le*
» *Prince*, & les deux autres à la rue de *Condé*, cha-
» cune de trente pieds de large; & que dans le fait, la
» grande rue du Théâtre eft fubdivifée en cinq, qui
» donneront par conféquent cent foixante pieds de
» fuperficie en largeur de rue, pour déboucher par la
» partie principale de ce monument ».

Tout ce qui fut annoncé dans cette Lettre fictive,
fe voit exécuté de point en point, & le Public aujour-

d'hui se promene avec plaisir & satisfaction extrêmes dans ce grand ouvrage achevé & parfait : honneur soit rendu aux Architectes MM. Wailly & Peyre. Parlons maintenant de l'administration nouvelle, objet principal de cette Brochure.

Il paroît un Arrêt du Conseil d'Etat du Roi du 16 Février dernier, portant commission au Directeur & Ordonateur général des bâtimens du Roi, pour installer les Comédiens François ordinaires de Sa Majesté dans la Salle royale construite dans le Fauxbourg St.-Germain, régler les conditions de la jouissance qu'auront lesdits Comédiens, & conserver ensuite la direction de cet édifice. Je ne puis mieux faire que de rapporter le présent Arrêt du Conseil, pour vous faire connoître toutes les clauses & conditions : à cet effet, je ne ferai que transcrire.

« Sa Majesté voulant expliquer ses intentions sur la maniere dont la Salle sera remise aux Comédiens, ainsi que sur les modifications de la jouissance que Sa Majesté veut bien leur accorder & à leurs successeurs, dans la vue d'assurer invariablement à la Capitale la maintenue d'un Spectacle qui contribue autant à la gloire littéraire de la Nation, qu'à ses amusemens, ordonne que la propriété de la Salle de Comédie, considérée quant au sol & à tous les édifices principaux & accessoires dont il est couvert, demeurera toujours réservée à Sa Majesté & à ses successeurs Rois, pour être conservée & surveillée sous l'autorité & par les soins des Directeurs & Ordonnateurs Généraux des Bâtimens, comme Edifice Royal, & avec tous & tels pouvoirs attribués d'ailleurs spécialement sur toutes Salles Royales de Spectacle, aux Directeurs généraux des Bâtimens, par le Réglement rendu en 1745, pour fixer les droits respectifs & les fonctions des premiers Gentilshommes de la Chambre, des Gouverneurs des Maisons Royales, & du Directeur-Général des Bâtimens ».

» Pour effectuer, en faveur de la Ville de Paris, les vues qui ont déterminé S. M. à procurer l'exercice constant du Spectacle national, dans une Salle qui soit vraiment propre à la chose publique, & indépendante sur-tout des événemens d'une propriété particuliere, telle qu'elle a eu lieu jusqu'à présent, l'Edifice dont la propriété aura été transmise à Sa Majesté par *Monsieur*, sera livré aux Comédiens François ordinaires du Roi, pour, par eux & leurs successeurs, y suivre leurs exercices, & jouir de ladite Salle aux conditions suivantes :

« La jouissance qu'auront les Comédiens présens & futurs, devant être restreinte dans les bornes d'un simple usufruit, l'édifice de la Comédie & toutes les constructions intérieures constitutives de sa destination, & de ses usages pour le Spectacle, ne pourront jamais, dans quelque cas & sous quelque prétexte que ce soit, devenir le gage des dettes que contracteroit la Comédie ; de maniere que, dans le cas où les Comédiens obtiendroient la permission de dissoudre leur association & de se séparer, ceux qui la composeront alors, ou leurs créanciers & ayans causes, n'auront de droit à exercer que sur le mobilier dont lesdits Comédiens auront garni & décoré le theâtre, les loges d'Acteurs, les foyers, les salles d'assemblées & les magasins ; bien entendu que le droit desdits Comédiens & de leurs créanciers & ayans causes, demeurera subordonné à celui que se réserve Sa Majesté (pour le cas prévu), d'acquérir, avec préférence exclusive, toute la propriété mobiliaire qui se trouveroit nécessaire pour substituer de nouveaux Sujets à l'exercice du Théâtre, & prévenir par cette ressource, l'interruption du Spectacle ».

» Veut & entend Sa Majesté que la jouissance usu-
fructuaire

fructuaire qu'elle accorde à ſes Comédiens François
ordinaires, leur donne la diſpoſition pleine, libre &
entiere de toutes les Loges ou places lucatrives que l'intérieur de la Salle peut fournir pour des Spectateurs,
à l'exception des deux Loges qui ont été réſervées par
ordre de Sa Majeſté, pour être occupées ſans rétribu-
tion, l'une par le Directeur & Ordonnateur Général
des Bâtimens, au titre de ſa Charge, & l'autre par les
Officiers du Département, pour les mettre toujours à
portée de leur ſervice, comme dans toute Salle Royale.
En conſéquence leſdits Comédiens pourront dans leur
adminiſtration intérieure, ſe ménager le produit juſte-
ment meſuré de toutes les Loges & places qui entreront
dans leur jouiſſance, ſoit par des locations journalieres,
ſoit par des locations à l'année, ſoit par des abonne-
mens ou marchés à vie, s'ils les eſtiment convenables
à leurs intérêts, ſans que ſur cette partie d'adminiſtration, qui ne ſe rapporte qu'à leur intérêt perſonnel, ils
puiſſent être gênés par le Directeur-Général des Bâtimens, ni par tous autres, Sa Majeſté ſe réſervant à
elle-même de pourvoir aux abus qui pourroient in-
téreſſer l'ordre public.»

« Seront exceptés de la jouiſſance commune des Comédiens, 1°. le rez-de-chauſſée & le premier étage,
faiſant partie de la propriété fonciere de S. M. dans les
deux pavillons latéraux qui ſe rejoignent à l'édifice
principal de la Comédie par des arches. 2°. Les façà-
des intérieures & latérales qui peuvent recevoir des boutiques dans les deux galeries qui regnent à rez-de-
chauſſée extérieurement ſur chaque côté de l'édifice.
S. M. ſe réſervant ces quatre objets, & ſe propoſant
d'en faire des récompenſes en faveur des Comédiens
qui auront bien mérité d'Elle & du public par leurs
talens & leurs ſervices, ſur les propoſitions qui lui en
ſeront préſentées par le Directeur-Général des Bâti-

mens pour les concessions futures, S. M. ayant déjà donné ses ordres pour la premiere disposition. »

» Les dangers d'incendie & la sureté publique excitant la plus particuliere attention de S. M., Elle veut bien prendre à sa charge l'établissement, la solde & l'entretenement d'un corps de Pompiers, & des ustensiles nécessaires pour surveiller sans cesse contre tous dangers, & y parer en cas d'événemens fâcheux ; & pour ne laisser rien à prévoir sur les précautions en ce genre, veut & entend Sa Majesté que le ramonage habituel de toutes les cheminées de l'Edifice de la Comédie, soit traité comme celui de toutes les Maisons Royales, sous les ordres du Directeur-Général des Bâtimens & par ses Préposés, auxquels les Comédiens & tous leurs Agens ne pourront jamais refuser l'entrée des pieces communes ou particulieres contenant des cheminées à ramoner.»

» Pour maintenir dans toutes les parties principales & accessoires de l'Edifice de la Comédie la surveillance journalliere qui y devient indispensable, eu égard à la propriété de Sa Majesté ; il y sera préposé par le Directeur-Général des Bâtimens, & sous ses ordres immédiats, un Concierge dont les gages, tels qu'il conviendra de les régler, seront payés sur les fonds des Bâtimens du Roi, lequel Concierge se conformera aux ordres & instructions qui lui seront donnés par le Directeur-Général des Bâtimens».

« Sa Majesté a commis & commet ledit sieur d'Angiviller, à l'effet de, pour elle & en son nom, mettre & induire ses Comédiens François actuels, en possession réelle & effective de la nouvelle Salle de Comédie Françoise, subordonnément à toutes les dispositions exprimées dans ledit Arrêt, l'autorisant à cet effet à passer avec lesdits Comédiens, tel traité ou contrat que besoin sera, pour constater irrévocablement leurs obligations.»

POLICE.

La nouvelle Salle de la Comédie Françoife préfente un Bâtiment ifolé dans fes quatre faces.

Il offre fur fa face principale trois entrées & autant fur chacun des côtés régnant fur les rues de *Corneille* & de *Moliere*.

Toutes efpeces de voitures , hors les charettes , pourront arriver à toutes ces différentes entrées, de quelque quartier de Paris qu'elles foient parties.

Mais comme le paffage le plus fréquenté par les voitures arrivant, fera la rue du Théâtre François, qui fait place à la principale entrée de la Salle, le Public eft averti que lorfqu'il fe trouvera plufieurs voitures arrêtées à la tête de ladite rue, à la place ou carrefour du Riche Laboureur, on fera défiler , pour parer aux embarras, celles des voitures qui ne feront pas dans la direction précife de la grande rue.

Savoir : à la droite , par les rues de Condé , de *Crébillon* & de *Régnard* ;

A la gauche, par les rues des Foffés de M. le Prince & de *Racine* , & par celles de *Voltaire* , quand elle fera ouverte, pour toutes lefdites voitures arriver aux différentes portes d'entrées du Spectacle.

Toutes les voitures bourgeoifes, y compris les carroffes de remife, après que les Maîtres en feront defcendus à l'une des entrées de l'Edifice, fe porteront fur la droite , pour aller fe ranger, ainfi que la Garde l'indiquera aux Cochers, dans les cours du Palais Luxembourg & dans les rues de Vaugirard & de Tournon. On peut y placer jufqu'à 300 caroffes.

A l'égard des carroffes de place, les Cochers feront obligés de fe porter fur la gauche, pour aller fe ranger place St. Michel.

Pour le défilé des voitures bourgeoifes à la fortie du Spectacle, les cochers ne pourront venir reprendre leurs Maîtres qu'aux portes donnant dans la rue de *Moliere* & fur la face de l'édifice, pour déboucher en-fuite par la grande rue du Théâtre François, ou autres adjacentes, en obfervant par les Cochers de fuivre exactement les files & de ne jamais retourner fur eux-mêmes.

Et afin que le Public qui voudra prendre des car-roffes de place en fortant du Spectacle, puiffe être fervi fans délai, les iffues de la Salle fur la rue de *Corneille*, feront libres pour l'abord defdits carroffes de place, lefquels, dès qu'ils feront appellés, defcendront en file & fans doubler, de la place Saint Michel, par la rue des Francs Bourgeois, la tête de la rue de Vaugi-rard & la rue de *Corneille*.

Lefdits Cochers de place déboucheront enfuite par les rues de *Racine* & de *Voltaire*, celle des Foffés de M. le Prince & de Touraine : il leur eft défendu de paffer à l'heure de la fortie du Spectacle, par le carre-four ou place du Riche Laboureur, pour n'y pas cau-fer d'engorgement.

Le Public eft encore averti qu'il trouvera à la fortie du Spectacle, des carroffes de place dans la partie in-férieure de la rue de Tournon; mais il fera obligé d'al-ler les prendre.

On obferve, pour la commodité des gens de pied, que ceux qui voudront aller prendre une voiture de place, rue de Tournon, pourront aifément fortir par la rue de *Régnard*, correfpondante à un paffage de to-lérance, rendant de la rue de Condé à celle de Tournon.

Chacune des arcades étant autour du bâtiment de la Comédie fera numérotée, afin que les Maîtres puif-fent fe procurer facilement le fervice de leurs Do-meftiques, & ceux-ci fe trouver aux ordres de leurs Maîtres.

Nombre & prix des Places de la nouvelle Salle de la Comédie Françoise.

On fera affis à toutes les places du Spectacle.

	nombre des places.	Prix des places.
A l'Orcheftre, pour les hommes feulement.	180	6 liv.
Premieres Loges. . . .	108	6 liv.
Balcons.	80	
Pour hommes & pour femmes. Galerie tournante pour hommes & pour femmes.	120	4 liv.
Deuxiemes Loges, pour hommes & femmes.	64	3 liv.
Parquet à la fuite de l'Orcheftre, pour hommes feulement. .	500	2 liv. 8 f.
Troifiemes Loges pour hommes & femmes.	48	2 liv.
Amphithéâtre des troifiemes Loges, pour hommes & femmes.	300	1 liv. 10 f.

TOTAL. . . . 1400

Non compris les petites Loges, qui donneront 613 places.

Toutes les 1mes, 2mes & 3mes Loges ne pourront être louées à l'année; mais le Public pourra, fi bon lui femble, les louer ou les faire louer d'avance pour un jour de repréfentation, en payant un quart en fus.

On ne pourra faire retenir des Places par des Domeftiques, qu'aux Balcons; mais après la toile levée, les Domeftiques feront tenus de fe retirer, & les places feront perdues.

La femaine de Pâque fut employée à finir nombre de travaux, à perfectionner l'ouvrage, à faire plufieurs répétitions : M. le Comte d'Angeviller, le Miniftre de Paris, MM. les Gentilshommes de la Chambre, chacun dans son département, vint faire la visite de toutes choses. Enfin le jour arriva ; le Mardi 9 Avril 1782, ces *Messieurs* & ces *Dames* donnerent pour l'ouverture, la premiere représentation de l'*Inauguration du Théatre françois*, piece nouvelle en un acte, en vers, suivie d'Iphigénie en Aulide : le Spectacle fut complet en tout, rien n'y manqua. Affluence de Spectateurs, brillante Assemblée, la Salle si remplie qu'il y eut du bruit & de la rumeur ; mais la présence de la Reine, qui a bien voulu honorer cette premiere représentation, fit bientôt cesser le bruit & la rumeur : Sa Majesté étoit accompagnée de *Madame* ELISABETH & de Monseigneur le Comte d'ARTOIS, sœur & frere du Roi.

Je reviens à la piece nouvelle, qui, loin de plaire, a fort ennuyé, n'ayant aucuns détails ingenieux ni saillants ; néanmoins on en attendoit de l'Auteur : il ne manque point d'esprit, & nous a montré quelque talent pour les pieces à tiroirs : celle-ci donc a généralement été jugée mauvaise ; on l'a jouée une fois & demie, elle est morte, en naissant, de sa belle mort. Ce prononcé véritable (& je ne suis que l'écho du Public), n'est pas tout-à-fait conforme à celui du Journal de Paris. J'en conviens ; mais M. *Imbert* est l'ami du *Gagiste* des Maîtres de cette Feuille prétendue littéraire, annonçant, comme vous savez, Monsieur, « les œufs, le beure & le fromage, la paille, le foin & l'avoine, le lever & le coucher du soleil & de la lune, la hauteur de la riviere, les reverberes allumés, les époques du jour, l'état du ciel, thermometres & barometres, les séparations, les changemens de domicile, les paiemens de rentes, le cours des changes, les naissances, les morts & les mariages, &c. &c. &c. ».

Parlons, pour la derniere fois, de nos scenes épisodiques, dans lesquelles paroissent successivement Mercure,

Apollon, Melpomene, Thalie, Moliere, Corneille, un Auteur tragique, un Auteur comique, la Critique & même la Cabale. En voilà bien assez, me direz-vous, Monsieur; aussi je me tais. Le *Gagiste* du Journal, *prétendu* littéraire, avoit furtivement annoncé la troi-fieme représentation, la seconde à peine fut-elle jouée. Cette piece est donc jugée mauvaise, ce dont l'Auteur ne conviendra point, sans doute; car *Piron* a prononcé:

Le plus impertinent n'a jamais dit : J'ai tort.

Au moment que je crayonne cette Brochure, j'apprends l'anecdote suivante, dont je veux vous ré-galer. Un plaisant du parterre *assis*, voulut s'égayer à demander l'Auteur : le Comédien représentant le per-fonnage d'*Apollon*, répondit très-humblement au Public (*par* malice ou *sans* malice,) ces mots sanglans portant épigramme : « L'Auteur m'est inconnu ». Un Poëte désavoué par Apollon, ou qu'Apollon feint de méconnoître. Le Public fit l'application de ce sar-carfme à l'Auteur maltraité. Ne peut-on pas dire que l'Auteur innocent a fourni très-innocemment des verges pour le fouetter.

Le Mercredi suivant 10 Avril 1782, ces *Messieurs* & ces *Dames* donnerent la premiere représentation de Mo-LIERE A LA NOUVELLE SALLE, ou les *Audiences de Thalie*, Comédie nouvelle en un acte, en vers, qui a été fort applaudie, & qui mérite de l'être. Vous vous doutez bien, Monsieur, que c'est encore une piece relative à l'ouverture de la Salle; mais elle est pétill-lante d'esprit, & remplie de traits saillants, d'une faine & juste critique : en voici l'analyse, telle que ma mé-moire peut me fournir. Ce font plusieurs fcenes à tiroirs, dans lesquelles MOLIERE, représentant de Thalie, donne audience à plusieurs personnages ridi-cules, tels qu'un garçon limonadier, devenu Auteur, un chef de cabale, un Négociant misogramme, &c. &c.

L'enfemble de cette jolie carricature préfente une
critique vraie & gaie des Auteurs modernes, des
Pieces nouvelles, des DRAMES, des Dictionnaires,
des Journaux; celui de Paris n'y eft point épargné:
jugez-en, Monfieur. Après une énumération pareille à
la mienne, l'Auteur ajoute :

La Feuille de Paris : chacun y pourra voir

Et voir tous les matins, les Morts, les Mariages;

La Nouvelle du jour, les Spectacles du foir;

Les Leçons de Phyfique & le Prix des fourages,

Du beure, des œufs frais, des livres, des fromages;

Le Coucher de la Lune, un Poëme nouveau;

Un Monftre fans pareil, le Combat du Taureau;

Un Trait de bienfaifance auprès d'une Epigamme,

Le Change des Effets, ou la Chûte d'un Drame;

La Bourfe, le Marché, les Sciences, les Arts;

Les Séparations, la Foire, les Remparts;

Là Grêle, le Beau-Temps, les Vents & les Orages;

Domiciles, Scellés; le tout en quatre pages.

Il y a nombre de Vers faciles à retenir, & qui
font Maximes comme ceux-ci, par exemple :

On cherche les *Laïs* après les *Afpafies*.

Les Lettres n'ont jamais eu tant de profeffeurs;

Et prononçant en maître, écrit en écolier :

A la forme d'extrait on a fu tout réduire.

L'efprit eft aujourd'hui par ordre alphabétique.

Mon fils en Rhétorique a fait fa Tragédie;

Ma fille à quatorze ans juge déjà Corneille.

Un Parterre fans chef eft comme un corps fans ame :

Eh ! qui n'auroit pas cru le Parterre éternel !

J'y gagnois en *bravo* mes vingt écus par mois,

Je ne vous réponds pas , Monsieur, que ce soit les propres expressions, ni l'arrangement des Vers, je puis confondre (car j'écris de mémoire), mais si ce n'est pas la chose, c'est toujours le sens.

Le Public accueille favorablement cette Comédie, dans le goût satyque toujours sûr de plaire à la multitude. Aussi l'attribuoit-il à trois hommes de génie, connus avantageusement dans la République des Lettres, savoir, MM. *Palissot* , *Beaumarchais* & *La Harpe* ; le dernier est resté seul nanti de cette Paternité.

Permettez encore, Monsieur, de vous entretenir du compliment de clôture prononcé à la Salle du château des Thuileries, que ces *Messieurs* & ces *Dames* viennent de quitter. Après des complimens banaux , des éloges fades, des courbettes assomantes, des lieux communs des soumissions froides , des promesses abusives , des protestations menteuses , on ajoute avec effronterie: » En passant dans ce Temple nouveau, que la muni- » ficence Royale vient d'élever à la gloire de l'Art » Dramatique, nos premiers soins feront consacrés à » rassembler tout ce qui peut contribuer à votre agré- » ment, & à donner de la pompe à nos représenta- » tions; . . . . . puissiez-vous, Messieurs, y accueillir » avec votre indulgence ordinaire, les marques de » notre *zèle*, les efforts de nos foibles talens, & les » témoignages de notre *respectueuse* reconnoissance ».

Peut-on plus loin pousser l'audace ? Voici de belles phrases fans-doute, de grands mots, par malheur vuides de sens , & l'on peut dire en bonnne vérité : *sunt verba & voces, prætereaque nihil.* Le Comédien orateur prononce bien de bouche ces mots en l'air de *respectueuse reconnoissance*, au nom de la Troupe entiere, mais tout bas dans l'intérieur, ces *Messieurs* & *Dames* conservent l'infolence , la morgue, l'ingratitude envers leurs peres nourriciers, c'est-à-dire envers les Ecrivains Dramatiques qui éprouvent tant de dégoût, de refus, de tracafferies, d'humiliations cuifantes de la part du Tripot comique. Hélas ! quand donc leurs Supérieurs ouvriront-ils les yeux fur cette partie d'adminiftration qui n'eft point à dédaigner, & qu'on néglige trop. Voyez les Mémoires à confulter de MM. *Paliffot*, *Mercier*, *François-de-Neufchâteau*.

Vous avez vu, Monfieur, que les places du Parterre hier à 1 liv. font aujourd'hui à 2 liv. 8 fols ; il eft vrai que tous les Spectateurs y font affis. En réfultera-t-il pour l'Art des inconvéniens heureux ou funeftes ? C'eft ce que j'ignore, tout ce que je fais, c'eft que le Public n'eft pas content de ce prix exceffif, & nullement compenfé à l'ancien ; & que les perfonnes les plus fenfées en murmurent fortement. Il faut efpérer que MM. les Gentilshommes de la Chambre forçeront ces *Meffieurs* & *Dames* à le diminuer au plutôt.

Les Femmes fe plaignent que la Salle eft trop déployée, qu'elles font trop expofées aux regards perçans, mais critiques, de leurs femblables : la couleur blanchâtre de la peinture des Loges eft contraire au teint des femmes, & leur rend la figure terreufe ; enfin loin de paroître *belles*, *radieufes*, elles ne font pas feulement *jolies* ; au contraire, tranchons le mot, elles font laides.

Les Hommes fe plaignent de ne point entendre diftinctement les Acteurs, malgré qu'ils beuglent affez haut. Les uns trouvent le Théâtre trop vafte, l'avant-Scène trop portée vers l'Orcheftre ; les autres voudroient autrement la coupe des Loges, la diftribution des Corridors, & le plan circulaire de la Salle.

Au refte que fignifient toutes ces critiques éphémeres minutieufes ? Rien. Car tel eft le fort des chofes d'ici bas d'être louées & blâmées, d'être blamées & louées : plus les Maîtres font habiles, plus les Artiftes font célebres, plus l'envie & la médiocrité tâchent de rabaiffer leurs ouvrages immortels. La gloire des *Wailly* &

Peyre durera autant que ce beau monument, c'eſt-à-dire, qu'elle paſſera à la poſtérité la plus reculée.

Il ne me reſte plus, Monſieur, qu'à vous parler des petits Spectacles, dits *forains* établis ſur nos anciens Boulevards, que la ſageſſe du Gouvernement ſonge à ſupprimer, ou du moins à diminuer l'Orcheſtre, les Ballets & le prix des places, c'eſt-à-dire, remettre la taxe d'autrefois, 12 & 6 ſols, convenable au bas Peuple pour qui ſeul ces *trétaux* ſont faits, & en éloigner les perſonnes honnêtes de l'un & de l'autre ſexe, qui daignent y venir, attirés quelquefois par l'appareil pompeux des Pantomimes & la bonté de certaines pieces. C'eſt donc entrer dans les vues ſages du Gouvernement actuel, que de prouver le tort réel & conſidérable que les *trétaux* cauſent depuis long-tems aux Spectacles Royaux; mais comme depuis dix à douze ans, je n'ai fait que déclamer contre l'abus énorme des *trétaux*, dans différentes Brochures imprimées à diverſes époques ; & qu'ajourd'hui je ne ferois que répéter ce que j'ai dit, expoſé, prouvé, démontré : le moyen de ne point vendre au Public deux fois le même papier noirci, c'eſt de joindre à votre paquet épiſtolaire l'indication de ces bagatelles polémiques, dont voici les titres.

1°. Lettre à Madame la Comteſſe de *HURPIN*, ſur un ſecond Théâtre François, à Paris. *in*-8°.

2°. L'Ombre de *COLARDEAU* aux Champs Eliſées, *in*-8°.

3°. Lettre de *PALISSOT* ſur le refus de ſes *COURTISANNES*, Comédie 3 Actes en vers. *in*-4°.

4°. Il eſt temps de parler, & il eſt temps de ſe taire. *in*-8°.

Enfin un Projet d'etabliſſement d'une Ecole Dramatique protégée par les Comédiens François, *in*-8°. (Je joindrai ici ces deux derniers articles.)

?La plupart de ces Mémoires forment une Brochure que nouvellement j'ai mis en vente, vû la circonstance du temps, chez *Belin*, Libraire, rue Saint-Jacques, intitulé *mes Opuscules*. Prix 3 liv.)

Vous verrez, Monfieur, combien je me fuis montré de tout temps l'ennemi déclaré des Spectacles forains, à caufe du tort qu'ils font aux bonnes mœurs : une marque certaine imprimée dernierement, eft l'établiffement que j'avois indiqué de la Troupe du *Mont-Parnasse*, fur les nouveaux Boulevards, en 1779, dont le Théâtre n'a point ouvert à caufe que la permiffion de Police n'étoit qu'à l'inftar de celle d'*Audinot* & *Nicolet*, condition à laquelle les Gens de Lettres qui foutenoient cette louable entreprife, refuferent de confentir. Je mets fous vos yeux le compliment préparé pour l'ouverture qui devoit avoir lieu le 13 Juin 1779, annoncé dans les papiers publics de cette année, en ces termes « *Troupe du Mont-Par-* » *nasse*, Boulevard du Luxembourg, Dimanche 13 » Juin, donnera pour l'ouverture de fon Théâtre nou- » veau des Pieces de différens genres ? entre autres les » *Proverbes*. Le prix des Places à l'ordinaire.

N° 163 *pag.* 1034, je vous renvoie, Monfieur, pour plus grand détail, à la Correfpondance Dramatique.

Compliment d'ouverture.

En ce jour par vos ris, vos applaudiffemens,
Daignez encourager nos timides talens.
   Remplis de zele & de délicateffe,
Partifans de l'honneur, Amis de la fageffe,
Nous rejettons les tableaux fcandaleux,
Cherchant à conferver la candeur dans les ames ;
La Scene n'offrira que d'innocentes flammes.
La févérité même approuvera nos jeux,

Où vous voyez déjà la décence qui brille;

Mere, vous y pourrez amener votre Fille!

Sur ce Théâtre, en tout, modeste, simple, uni,

L'oreille ne fera d'aucun mot offenfée.

Le vice jamais impuni,

Et la vertu toujours récompenfée.

Vous demanderez peut-être, Monfieur, pourquoi cette *Ecole dramatique* n'eut pas lieu dans tout fon éclat ? Je l'ignore pofitivement , je ne fais que le foup-çonner. C'eft alors que cette *lice* où les jeunes perfon-nes de l'un & de l'autre fexe qui fe deftinoient au Théâtre, feroient venues exercer leurs talens, & travail-ler à fe rendre dignes de paffer à celui de la Nation, n'auroit point dépendue de ces *Meffieurs* ni de ces *Dames* : au refte voyez à ce fujet les *Nouveaux Effais* fur Paris, *tom.* II *pag.* 511. Mais aujourd'hui ma pro-pofition eft de mettre cet Etabliffement fous la protec-tion de MM. les Comédiens François ordinaires du Roi, & j'exige même que le quart entier du bénéfice de la recette, les frais prélevés , foit verfé dans la caiffe des *Reftes*, pour être partagé à la fin de l'année théâ-trale, à tous les Membres de la Troupe Royale. Voilà mon projet patriotique que l'amour du bien public,l'in-térêt des Ecrivains dramatiques, & le progrès de l'Art m'ont infpiré. Puiffe-t-il bientôt être exécuté ; car en ce pays-ci, le bien eft lent à fe faire.

Je ne puis me refufer au plaifir que j'ai de vous tranfcrire ces Vers-ci : la Piece eft intitulée :

Thalie aux Comédiens Français.

Ecoutez, Meffieurs les Acteurs ,

Ecoutez ma plainte folâtre ,

Lofque vous changez de Théâtre,

Ne pourriez-vous changer d'Auteurs?

Melpomene, ma fœur altiere ,

Peut encore defcendre chez vous.
La *Harpe*, *Ducis* & le *Miere*
Lui rendre des foins affez doux ;
Mais, comment y fuis-je traitée ?
Jadis, on y fuivoit ma loi,
Et maintenant, ah ! je le voi ;
A peine y fuis-je regrettée,
A peine y fonge-t-on à moi :
Du lamentable la *Chauffée*,
Les lamentables Succeffeurs,
De mes E tats m'ont expulfée,
Et noyé mes ris dans des pleurs.
Quoique veuve, encor très-jolie,
D'un voile de mélancolie,
Par eux, mon front fut revêtu ;
Hélas ! dans ma jufte furie,
Faudra-t-il que je me marie
Avec *Boniface POINTU* ?

Vous faurez que c'eft le titre d'une Piece charman-te jouée cet hiver avec fuccès au Spectacle des *Variétés amufantes* ; par exemple, on pourra choifir plufieurs Acteurs de ce Théâtre, qui pour former des Eleves de l'*Ecole dramatique*, mérite des égards. Mais il faut rompre plutôt que plutard les autres planches foraines, & renverfer les *trétaux* des Boulevards qui n'exiftent qu'à la honte des mœurs du dix-huitieme fiecle ; il étoit réfervé fans-doute au regne de Louis XVI de produire cette révolution, & a la fageffe de fes Miniftres de l'accomplir.

Je fuis très- parfaitement,

Monfieur,   Votre très-humble, &c.

POSTCRIPTUM.

Tout le monde convient de la beauté du veftibule, la critique ici fe taît. Les deux efcaliers font d'une magnificence, d'une nobleffe au-delà de l'expreffion. Se préfente au haut de ce pallier, au-deffous de la coupole un bloc de marbre, repréfentant *VOLTAIRE* affis dans un fauteuil ; j'aurois voulu voir à cette place le couronnement de ce grand homme, tel qu'il eft repréfenté dans une Eftampe gravée par M. *Gaucher*, célebre Artifte qui promet beaucoup ; en voici le détail que l'on m'a communiqué. « L'effet pittorefque des » lumieres, des décorations, du Théâtre, du coftume » des Acteurs, tout a été deffiné d'après nature, le » Parquet, l'Orcheftre, les Loges font remplis d'une » multitude de Spectateurs, qui tous ont les yeux » fixés fur *VOLTAIRE*, & qui, par l'expreffion & la » variété de leurs attitudes, annoncent avec allégreffe » les fentimens qu'ils éprouvent. Le Bufte fur lequel » on pofe la couronne, a été exécuté avec le plus de » reffemblance poffible : mais ce qui ne laiffe rien à » defirer dans cette partie, c'eft le portrait du grand » homme à qui on rend cet hommage ».

Cette Eftampe, d'une invention favante non-moins qu'ingénieufe, doit paroître au mois de Mai prochain. Le prix fera de *6* livres, & fe vendra chez l'Auteur, M. *Gaucher*, rue Saint-Jacques, proche Saint-Yves.

J'invite très-fort ces *Meffieurs* & ces *Dames*, au nom de tous les Amateurs, de fe procurer un exemplaire de cette belle gravûre, & de l'expofer fous verre au grand foyer de leur nouvelle Salle à l'admiration du Public.

On affure que la Police a donné ordre aux *Cochers-de-place* de fe trouver exactement à la fin du Spectacle, objet sans-doute bien précieux, pour les Femmes sur-tout qui n'ont pas de voitures en propriété, je voudrois encore, le fait est possible, que l'on consacrât une grande Salle par en-bas, avec poële & cheminée, pour que le Public attende chaudement l'arrivée de leurs équipages. Car rien n'est plus contraire à la santé que de rester au grand froid, à l'intempérie du temps, aux injures de l'air, à la sortie d'un Spectacle ; c'est peut-être un rafinement de luxe que j'indique, cela se peut : mais pourquoi ne point avoir toutes ses aises dans un endroit pareil ? Qui d'ailleurs l'en empêche ? la santé est préférable à tout ? Comme aussi je voudrois que les bornes des trottoirs fussent surmontés d'une barre de fer platte joignant une borne à l'autre, ainsi que l'on en voit à la nouvelle Halle, & que l'on construisit des barrieres en bois le long de la grande rue, & de celles adjacentes en faveur des *Piétons* qui risquent souvent d'être écrasés.

Je sors de la quatrieme représentation de *Mo-*
liere à la *nouvelle Salle ;* voici les nouveaux Vers que j'ai retenus.

Chez le François ardent, ingénieux, sensible,

Croyez en bien, en mal, tout changement possible.

Mon Commis, à sa table écrivant de travers,

Ne sait pas l'orthographe & sait faire des Vers.

Tel qui creve de faim à barbouiller des livres,

Pourroit dans un Bureau gâgner ses *huit cents livres.*

Louis, enfin Louis, portant de toutes parts

Ce coup d'œil qui console & ranime les Arts,

Venge de cet affront Melpomene & la France,

Ce Palais est un don de sa magnificence.

F I N.